RÉFLEXIONS

LES PRINCIPES

ÉMIS DEVANT LA COUR DES PAIRS

DANS SA SÉANCE DU 8 MARS 1841

Paris

DELAUNAY, LIBRAIRE

GALERIE D'ORLÉANS

1841

PARIS. — IMPRIMERIE D'AMÉDÉE GRATIOT ET Cᵉ,
RUE DE LA MONNAIE, 11.

RÉFLEXIONS

SUR

LES PRINCIPES

ÉMIS DEVANT LA COUR DES PAIRS

DANS SA SÉANCE DU 8 MARS 1841.

Une discussion que sa seule nature devait rendre fâcheuse vient d'avoir lieu devant la Chambre des Pairs ; un journal, accusé d'avoir méconnu le respect qu'il devait à cette Chambre, a été traduit à sa barre, et un défenseur habile a cherché, non à excuser les termes qui avaient occasionné la poursuite, mais à expliquer la pensée qui avait inspiré ce journal. L'arrêt est rendu, tout doit se taire devant son autorité ; à Dieu ne plaise que nul puisse encore accuser les auteurs de l'outrage, mais il a semblé qu'en leur nom la Pairie avait éprouvé des attaques plus fortes que celles qu'elle a cru devoir punir, et le besoin de conserver à son institution la confiance publique est si grand, que de telles articulations ne sauraient rester sans réponse. Je n'ai point de mission, il est vrai, mais que le zèle qui m'inspire serve d'excuse à ma témérité.

Malgré l'hommage rendu aux illustrations de toute nature qui composent la Chambre des Pairs, l'institution actuelle de cette Chambre a été présentée comme l'ayant complétement dépourvue de l'indépendance sans laquelle elle ne pourrait exercer son pouvoir. Privée, a-t-on dit, de l'hérédité qui auparavant formait son apanage, et ne tirant point son origine des choix qu'aurait faits le pays, la Pairie est une institution sans mission, une simple Pairie ministérielle : créée par le pouvoir et placée sous sa main, elle ne peut avoir la force qui lui serait nécessaire pour lui résister ; si elle montrait quelques velléités d'indépendance, à l'instant même le pouvoir briserait sa majorité en jetant dans son sein des hommes qui viendraient voter contre elle, et qui, brisés à leur tour, ne lègueraient à leurs successeurs ni la puissance des souvenirs, ni la puissance des traditions, ces éléments de tout pouvoir conservateur. L'hérédité ou l'élection peuvent seules, a-t-on donc prétendu, être pour la Pairie une source de vie : hors de là c'est le néant, il n'y a que faiblesse et mort.

C'est ainsi que l'on risque de compromettre dans l'opinion publique un des premiers corps de l'État, et d'ébranler une des principales colonnes de l'édifice de la conservation duquel dépend notre avenir ! Assurément ce n'est point aux hommes réfléchis qu'il importe de démontrer l'illusion et le danger de semblables doctrines; mais puisqu'il n'en est que trop d'autres que d'aveugles préventions disposent à écouter avec avidté ce qui tend à satisfaire les idées chimériques dont on ose encore les bercer, il importe d'examiner des assertions qui ont été présentées avec une telle assurance, que l'on s'est cru totalement dispensé de les établir.

On reconnaît que quel que soit le système politique qu'un peuple ait adopté, ce système a pour but final une idée d'organisation et d'ordre, et qu'il importe que le pouvoir chargé de faire exécuter les lois soit fort, soit puissant. Cette nécessité est d'autant plus grande que ce pouvoir est plus centralisé, car il exerce alors son action sur des contrées lointaines et sur des hommes qui pourraient plus facilement se soustraire à leurs devoirs. Un gouvernement absolu puise ses forces dans sa propre nature, sauf à périr s'il en a abusé ; mais dans une monarchie constitutionnelle, où le souverain n'est en quelque sorte qu'un gardien vigilant, un dispensateur surveillé de la volonté nationale, une des plus grandes difficultés qu'aient éprouvées les législateurs a été d'attribuer aux différents pouvoirs dont ce gouvernement se compose le degré d'autorité qu'ils doivent avoir, pour que, tout en pouvant agir avec indépendance, ils conservent entre eux l'union dont dépend le salut de l'État. Des députés choisis par la portion du peuple la plus intéressée au maintien du bon ordre doivent concourir à la création des lois, mais si l'autorité royale, quelle que soit la sagesse du souverain qui l'exerce, est toujours soupçonnée de vouloir s'agrandir, la Chambre des Députés serait, par sa composition même, exposée à devancer, quant à de certains principes, le temps où ils pourront être consacrés sans danger; on aurait eu à craindre une lutte terrible, si un troisième pouvoir n'avait été chargé de servir de modérateur aux deux autres, et de prévenir les excès auxquels ils auraient pu se livrer.

La Pairie, pour remplir cette fonction importante, a sans doute besoin de la force sans laquelle elle ne pourrait résister aux tendances qu'elle est chargée de contrebalancer, et d'une indépendance qui lui permette de librement agir; de là cette question qui a excité tant de sollicitudes, si pour lui procurer ces bases de son pouvoir il faut qu'elle devienne le patrimoine d'un certain nombre de familles, et passe à titre d'hérédité aux descendants de ceux qui en ont été titulaires. Les esprits les plus sages ont reconnu qu'il ne pouvait exister à cet égard une règle absolue; la solution d'une telle question, a dit un homme d'état illustre, dépend essentiellement des temps, des lieux, des mœurs du peuple et de l'état de la société qui se crée des institutions nouvelles. Une circonstance importante tend surtout à résoudre cette difficulté. Si la force des choses oblige de conserver ou d'établir un patriciat qui ait des droits privilégiés, le pouvoir modérateur doit être confié à cette aristocratie, dont autrement les droits pourraient être attaqués sans cesse sans être jamais défendus. Les droits de ce corps devant être perpétuels, il importe que les fonctions dont il est investi soient de la même nature, et restent à perpétuité dans les familles de ceux qui en ont été revêtus. Mais lorsque dans un état aucune aristocratie n'existe, qu'aucuns priviléges ne sont à protéger, que la Pairie ne doit veiller qu'aux intérêts publics, elle ne serait rendue héréditaire qu'en méconnaissant le vœu de son institution, qui est de ne confier les fonctions qu'elle défère qu'à des hommes qui, par leurs talents éclatants, par les services qu'ils ont rendus à la patrie, ont été reconnus dignes de les exercer. Il serait donc aussi extraordinaire que le sénat des États-Unis eût été rendu héréditaire, que si la Chambre des Pairs était, en Angleterre, privée de son hérédité.

C'est de l'application qui était à faire de ces règles générales que nos législateurs ont eu à s'occuper lorsque la question leur a été soumise; ils ont dû reconnaître si, dans l'état actuel de nos lois, d'après les mœurs qui en ont été la suite, il convenait de conserver à la Pairie l'hérédité que lui avait accordée le gouvernement que l'on venait de changer. La noblesse a été rétablie en France par la Charte, mais elle est soumise aux lois qui nous régissent tous; elle a dû renoncer à tous ses priviléges, et elle n'a conservé que des titres qui ne confèrent que des distinctions personnelles. Réduite à ce seul droit reconnu par la Charte, et qui se trouve ainsi suffisamment garanti, on doit dire qu'il n'existe plus d'aristocratie en France, ni par le fait, ni aux termes des lois. On ne concevrait pas dès lors que des fonctions héréditaires eussent dû être confiées à cette institution devenue, comme corps politique, purement fictive, ni quels soins plus grands on aurait été fondé d'en attendre pour la conservation des intérêts publics. En étendant le choix même hors de son sein, n'aurait-ce pas été recomposer une aristocratie partielle que de confier à perpétuité à certaines familles les fonctions inamovibles de Pair? On conçoit que la Restauration eût rendu la Pairie héréditaire, puisque dans ses illusions, regardant l'aristocratie comme toujours existante, elle croyait trouver des forces en s'appuyant sur son vain pouvoir; mais qui ne sait que cette fatale croyance a été une des causes principales de sa chute? et le pouvoir nouveau devait-il lutter à ce point contre l'opinion publique en proposant de maintenir le rêve du gouvernement qui venait de tomber?

Tant est grande cependant la crainte qu'éprouveront toujours les vrais hommes d'État d'altérer les bases de l'édifice social, en ne voulant que les modifier, que plusieurs des plus éminents d'entre eux ne pouvaient se décider à porter à la Pairie ce qu'ils considéraient comme une atteinte. La Chambre des Pairs, disait un de ces éloquents publicistes, est la représentation aristocratique des supériorités sociales; gardienne de l'ordre et de la stabilité, une telle mission exige qu'elle soit rendue héréditaire. Le but de l'institution est sans doute certain, mais le moyen de l'atteindre par l'hérédité pouvait être mis en doute. Qu'il nous soit permis de dire que ce n'est pas l'aristocratie que la Chambre des Pairs représente, car la fiction ne peut aller au-delà de la vérité. Ce ne sont pas non plus seulement les supériorités sociales, puisque la Chambre des Pairs en étant composée elle-même les met directement en action. C'est la France tout entière que la Chambre des Pairs représente par les hommes qui se sont le plus illustrés; l'hérédité aurait pu décevoir quelquefois; l'appel dans cette Chambre de tous les genres de mérites est la réalisation du seul vœu que l'on puisse considérer comme national.

On insistait en disant qu'il faut pour la Pairie des hommes qui, par situation, par suite de leur naissance, se soient voués aux affaires publiques et en aient fait leur état habituel;

on soutenait, en donnant l'Angleterre pour exemple, que les fils de Pairs qui devraient succéder aux fonctions qu'auraient remplies leurs pères, s'empresseraient d'acquérir les talents qui les leur feraient exercer avec honneur, et on doit reconnaître que cela aurait dû souvent arriver; mais qui nous dit que les enfants des Pairs ne chercheront point à obtenir par leurs travaux les droits qu'ils n'auraient dus qu'à leur seule naissance? au lieu de quelques-uns, tous seront obligés de se distinguer; qu'ils y parviennent, et à mérite égal, le souvenir des services qu'auront rendus leurs pères pourra-t-il être oublié? Que ne doit-on attendre d'institutions qui forcent les hommes, même les plus haut placés, à se rendre dignes de remplir les fonctions auxquelles ils aspirent; qui, ne se fiant point aux droits qu'aurait donnés le hasard, obligent tous les citoyens à mériter que l'estime publique les désigne au choix du gouvernement du pays! Heureux le peuple chez qui une telle émulation règne, qui sait que ses destinées ne seront confiées qu'à des mains capables de les accomplir! Si les fonctions de Pairs ne peuvent être mieux remplies que par ceux qui se sont voués aux affaires publiques, comment ne pas les trouver dans l'élite de la magistrature, au sein de l'autre Chambre, parmi les chefs les plus estimés de l'armée, parmi nos diplomates et nos meilleurs administrateurs? L'émulation qu'auraient les fils de Pairs est-elle comparable à celle qu'inspirera à ces hauts fonctionnaires le désir de parvenir à l'une des premières dignités de l'État?

L'hérédité de la Pairie, disait encore l'un de ces hommes célèbres, permet que les idées, les sentiments, les habitudes se transmettent. Elle seule peut créer ces situations permanentes au niveau du gouvernement, ayant son esprit et le soutenant sans intérêt personnel. Cette transmission, qui lie le passé au présent, est sans doute d'une grande importance dans un corps voué essentiellement à la conservation des institutions existantes, mais les sentiments qu'elle inspire offrent aussi un danger. Il importe qu'un des pouvoirs qui doit participer à la confection des lois n'ait pas une trop grande disposition à rester étranger à l'impulsion de l'opinion générale ; l'action des deux autres pouvoirs en serait trop souvent entravée, et de graves perturbations pourraient en résulter. Nos annales en fournissent de trop fameux exemples. Il n'a peut-être jamais existé de corps plus digne de respect que ce sénat auguste qui composait le parlement de Paris ; ses services nombreux comme corps politique ne sont point déniés ; mais qui ne sait que le trop grand attachement de cette illustre compagnie à des formes anciennes, à des droits dont la base avait cessé d'exister, a fréquemment entraîné des commotions violentes, et a fini par perdre le trône qu'elle voulait maintenir ? Un gouvernement représentatif éprouve presque toujours le besoin de se perfectionner ; il ne s'agit que d'apporter dans les améliorations qu'il demande la prudence et cette sage lenteur qui font attendre l'effet du temps. La tradition doit être consultée, mais le dépôt qu'en doit conserver la Pairie n'exige point qu'elle soit rendue héréditaire, l'inamovibilité de ses membres suffit ; les souvenirs qui la guident survivent à ceux qu'elle a eu le malheur de perdre ; son esprit devient bientôt celui de leurs successeurs, et le corps ne paraît en rien avoir changé.

Ce n'est qu'après avoir pesé les motifs puissants d'où naissaient tant de doutes, que les trois pouvoirs de l'État ont reconnu la nécessité d'abroger l'hérédité de la Pairie. Quels sont donc ceux d'entre eux qui faisaient alors un sacrifice ? La royauté sans doute, que l'on ose en accuser aujourd'hui, et qui aurait pu trouver dans une Pairie héréditaire une garantie plus grande encore contre les tentatives de trop zélés novateurs ; les Pairs, qui, en faisant abnégation d'eux-mêmes, montraient tant de générosité; pensaient-ils, lorsqu'ils se rendaient au vœu de la patrie, qu'on viendrait un jour le leur reprocher en son nom?

Ce qui cause le plus d'étonnement est de voir quel est le parti politique qui tient un pareil langage. Si l'hérédité de la Pairie pouvait être encore regrettée, ce ne devrait être que par ceux qui, restés partisans de l'aristocratie, voudraient la voir recouvrer une partie de son ancienne influence; mais que ceux qui, dans leur ardent amour pour la liberté, prêchent une égalité poussée au dernier terme, blâment avec cette amertume l'abrogation d'un droit qui serait tellement contraire à leurs désirs; qu'adversaires déclarés de toute distinction sociale, ils préconisent l'établissement d'un corps qui donnerait aux plus grandes familles le droit de transmettre à leur postérité le pouvoir important dont leurs chefs seraient revêtus, c'est ce qu'il est impossible de concevoir. L'hérédité de la Pairie est-elle donc au fond de leur pensée? Ils avouent que son retour est devenu impossible. Que veulent-ils donc? Ils le disent eux-mêmes : ils veulent que la Pairie soit soumise à l'élection populaire, sans détruire les motifs puissants qui ont dû l'empêcher.

Le mode d'élection à la Pairie a grandement aussi, comme on sait, occupé les deux Chambres; l'intérêt général commandait de préférer celui duquel devaient résulter les meilleurs choix, et nos législateurs ont eu à balancer la possibilité de les obtenir du pouvoir royal ou du peuple.

S'il est de la nature d'un gouvernement représentatif que le plus grand nombre possible d'élections soient faites par le peuple, l'étendue à donner à ce droit dépend néanmoins des fonctions qui sont à conférer, et des lumières qui ont pénétré dans les masses. Des institutions nouvelles ont toujours de nombreux ennemis; une dangereuse influence pourrait être exercée sur des hommes dont le temps n'a pas encore ouvert les yeux. Il faut donc que les masses aient appris à discerner la vérité des fausses apparences, le patriotisme sincère des intérêts cachés, avant qu'on ne leur accorde une participation trop active au choix qui sont à opérer. L'élection des Pairs présente des difficultés plus grandes qu'aucune autre. Le peuple aurait à choisir parmi les fonctionnaires qui occupent les emplois les plus relevés de l'État; comment des électeurs, presque tous étrangers aux affaires publiques, pourraient-ils peser les droits de prétendants dont les noms tout au plus seraient parvenus jusqu'à eux? Sans doute il est des hommes d'une telle éminence, que leur réputation s'est étendue partout; mais peut-on espérer qu'une chambre nombreuse ne sera composée que d'êtres aussi privilégiés? Le gouvernement, dont l'œil vigilant se reporte sans cesse sur ceux qui se sont voués à servir le pays, peut seul apprécier leur mérite. Les électeurs ne feraient qu'en aveugles ce qu'il fait en juge éclairé.

Lors même que le peuple pourrait choisir avec discernement, il importerait que la Pairie eût une origine distincte de celle de l'autre Chambre. Le peuple a ses représentants; une Chambre de Pairs qu'il nommerait encore lui donnerait une prépondérance qu'il ne doit point obtenir. Ce troisième pouvoir se confondrait bientôt avec celui qui aurait avec lui une source commune, et l'équilibre que nos institutions ont voulu établir se trouverait détruit. Nous serions replongés dans ces crises funestes dont les temps qui ont suivi l'œuvre imparfaite de 1791 nous ont légué le triste souvenir.

On parlait de faire présenter par le peuple de simples candidats entre lesquels le pouvoir aurait eu à choisir; mais outre que leur choix aurait offert les mêmes difficultés, leur nombre aurait dû être si grand pour que le pouvoir n'eût pas la main forcée, que leur désignation serait devenue illusoire, et l'on a dû y renoncer.

Enfin, on proposait de faire nommer des Pairs par le roi, et d'autres par le peuple. Ce moyen a paru le plus impraticable de tous. Si les Pairs devaient être nommés dans des vues opposées, au moins en apparence, les luttes incessantes qui s'établiraient entre eux feraient perdre à la Chambre sa force et toute sa dignité. Ce n'est donc pas sans raison que nos législateurs ont répété, avec ce ministre fameux dont le nom a dominé l'époque, qu'élection et Pairie sont choses qui se repoussent, choses qu'on ne pourra jamais concilier.

Mais, dit-on, qui garantira la Pairie de devenir la proie de la faveur? Qui empêchera que sa majorité ne soit brisée par des adjonctions subites d'hommes vendus au pouvoir? Ce sera une puissance que l'on essaie en vain ici de méconnaître, ce sera l'opinion publique, avec laquelle un gouvernement représentatif ne luttera jamais sans péril. L'autorité royale ne peut plus aujourd'hui se passer de la confiance du peuple et de ses mandataires; tout coup d'État lui est absolument interdit. Si le gouvernement pouvait trouver tant d'hommes prêts à se vendre dans les hauts fonctionnaires parmi lesquels les pairs doivent être choisis, il éveillerait les soupçons de la nation entière et perdrait plus cent fois qu'il n'aurait cru gagner. La Chambre des Députés remplirait un devoir sacré en redoublant sa surveillance; sa dissolution enflammerait le zèle des électeurs; le pouvoir royal se retrouverait en face de nouveaux mandataires unis par le danger, et qui opposeraient à ses projets une barrière invincible. Quel secours trouverait-il dans la Chambre des Pairs, justement mécontente du coup qui lui aurait été porté? Le pouvoir ne sera point tenté de se livrer à un abus d'autorité qui aurait des suites si redoutables; tout ministère reculera en mesurant l'abîme dans lequel il irait se plonger.

Telles sont ces institutions dont la France devrait se montrer orgueilleuse, et dont des préventions funestes l'empêchent seules de recueillir les fruits : produit heureux du temps, des exemples voisins, de notre expérience et de nos longs malheurs, elles réalisent ce que ceux qui aiment le plus la patrie ont pu lui désirer jamais, ce qu'ils ne pouvaient se flatter de lui voir si tôt obtenir. Lorsqu'il a fallu balancer le pouvoir souverain par le pouvoir populaire sans qu'un combat fatal pût s'établir entre eux, c'est à ce que la France possède d'hommes les plus éminents par leur capacité, leur courage, leurs talents, leurs services, que nos lois ont confié le soin de maintenir l'accord duquel dépend le bonheur de tous. Les résultats ont-ils démenti les justes espérances que de pareils choix ont dû faire concevoir? Nos intérêts publics ne trouvent-ils pas dans la Chambre des Pairs d'assez zélés défenseurs? L'histoire chaque jour est là qui en dépose. Quand une longue série de guerres incessantes, de révolutions inouïes, ont mis l'État dans la nécessité de faire sans cesse appel à tout ce qu'il renfermait de guerriers intrépides, de magistrats éclairés, d'hommes d'État habiles, ceux qui, en de pareils temps, ont mérité d'être distingués entre tous doivent former par leur réunion l'assemblée la plus imposante et la plus respectable de l'univers. Et ce sont de tels hommes que l'on verrait s'annihiler devant le pouvoir de la couronne? Eux qui jusqu'à présent ont si bien accompli leurs devoirs, et dont l'expérience a accru la sagesse; qui savent d'où sont provenus les malheurs dont nous avons eu à souffrir; qui auraient tant à perdre, si, par une coupable faiblesse, ils compromettaient le pouvoir dont ils sont l'appui aussi bien que les modérateurs; ce sont ces hommes qui, sans esprit de caste, exempts de préjugés, forts de leurs précédents, et dont l'amour pour la patrie est aiguillonné par tout ce qui peut émouvoir de grands cœurs, qui sacrifieraient, en étouffant le cri de leur conscience, nos intérêts les plus chers! Voilà, voilà pourtant ce qu'il faut que l'on croie avant de pouvoir dire que, sortie des mains du pouvoir, la pairie a perdu toute son indépendance.

Il est en certains hommes une tendance malheureuse qui les porte à concevoir contre l'autorité les soupçons les plus odieux, quelque dépourvus qu'ils soient d'apparence. Ils supposent, par cela seul qu'il existe un pouvoir, qu'il doit chercher à s'accroître, et tous leurs efforts tendent à l'amoindrir, dût-ce être au point de rendre le gouvernement impossible. Le mal qui en résulte est grand, puisqu'il tend à détruire cette confiance réciproque qui fait la force des peuples et des rois, et qui est la source féconde de toutes les prospérités du pays. Que peut-on espérer de cette jalousie dont on sème partout les germes dissolvants? Où en serions-nous si, la défiance s'emparant de tous les cœurs, le pouvoir sans cesse menacé croyait devoir s'affermir contre de telles alarmes ; si le peuple éperdu prenait les moindres ombres pour des dangers qu'il croirait courir? On aurait donc couvert la France d'inquiétudes et d'effroi ; et, lors même que ces craintes imaginaires finiraient par se calmer, que pense-t-on qu'aurait éprouvé le commerce, dont les angoisses entraînent la ruine des familles? Donnerait-on du pain aux ouvriers qui, restés sans travail, pourraient dans leur désespoir être poussés au crime? De quelle effroyable responsabilité ne se chargent point ceux qui apprécient si mal le danger de leurs funestes doctrines! Qu'ils n'en accusent point les institutions qu'ils osent méconnaître, mais eux seuls qui auraient causé des maux qu'ils ne pourraient guérir.

Mais que dire de ceux qui, rêvant dans des sens opposés le retour ou l'établissement d'un autre état de choses, emploient contre nos institutions la liberté qu'ils ne doivent qu'à elles, et dont ils ne se servent que pour les renverser? Ils sont de bonne foi, dit-on ; en sont-ils moins coupables, puisqu'aucun d'eux ne pourrait parvenir à ses fins que sur les débris fumants de la patrie, qu'en attirant chez nous les peuples étrangers, qu'en allumant de nouveau les brandons de la guerre civile ? A ceux-là, sans doute, la Chambre des Pairs ne saurait convenir : ils savent que, dévouée aux institutions que de si longs malheurs nous ont fait obtenir, elle s'opposera constamment aux tentatives de tous les novateurs; que ces hommes, en qui brillent tant de talents éprouvés, armés de l'autorité conservatrice que la loi leur décerne, aideront à réprimer les partis, quelle que soit leur couleur. De là tant de colère, de là ce dédain affecté contre ce corps aux pieds duquel viendra se briser tout projet désorganisateur. Ils lui refusent la force, parce qu'il agit avec calme; ils prennent la dignité qu'il conserve pour de l'impuissance. Insensés ! les sénateurs qui conservaient la même sérénité sur leurs chaises curules en attendant les Gaulois vainqueurs ou l'ambassadeur de Pyrrhus, leur auraient donc semblé dépourvus de vertu !

Chacun des corps dont l'ensemble forme le gouvernement constitutionnel, doit pouvoir exercer ses droits avec indépendance; mais tous doivent être réputés libres, si rien ne met obstacle à ce qu'ils puissent agir dans les limites que la loi a tracées à leur activité. Leur but est commun : ils doivent réunir leurs efforts pour l'atteindre, et non chercher en s'isolant à se créer une indépendance qui serait contraire à leurs devoirs. Le pays souffrirait si l'un des trois pouvoirs s'opposait, pour mieux montrer sa force, à ce que commanderait l'intérêt de l'État. Qu'il nous soit permis d'en citer un exemple : l'Irlande se prétend depuis longtemps malheureuse et impute les causes de son abaissement au peuple qui l'a réunie à son empire ; que la conquête, qu'un esprit de rivalité, que des différences religieuses et d'anciens souvenirs aient dicté des lois dures, l'Irlande qui les supporte se trouve réduite aux abois. Le peuple conquérant a reconnu enfin qu'il fallait mettre un terme à une aussi cruelle détresse ; la Pairie seule résiste, et l'Irlande gémit encore sous le poids de ses fers. Il est donc des dangers auxquels une trop grande indépendance des pouvoirs expose le pays. La force de chacun d'eux ne leur a point été donnée pour les faire agir l'un contre l'autre ; leurs tendances, au contraire, doivent s'harmoniser, si l'on veut éviter à l'État les continuelles secousses qui naîtraient du défaut d'accord de ses régulateurs.

Telle est la conviction dont la Chambre des Pairs a toujours paru animée, et ce n'est pas son moindre titre de gloire. Placée en face de ces débats qui n'ont que trop souvent divisé les autres pouvoirs, elle attend dans son immobilité, qui est aussi une force, la fin de convulsions auxquelles elle n'a jamais voulu prendre part. Lorsqu'après le combat les vainqueurs sont venus lui demander son appui, elle ne s'est point occupée des causes de leur triomphe ; elle n'a vu que la mission qu'elle avait à remplir, quels que fussent ceux qui devaient y coopérer avec elle, et elle a tendu vers son but d'un pas égal et sûr. Les services qu'elle a rendus l'ont-ils donc été dans l'ombre ? est-il besoin d'en rehausser que l'on puisse ignorer ? qui ne connaît ces discussions empreintes d'une si haute sagesse, et qui ont si puissamment contribué à perfectionner nos lois ? O mes concitoyens ! que votre confiance soit le prix d'aussi nobles travaux ! que la postérité ne puisse vous accuser de les avoir payés de tant d'ingratitude ! Fermez l'oreille à des accusations qui vous feraient méconnaitre une des principales garanties de votre avenir, et vous aurez aussi bien mérité du pays.

FOUET DE CONFLANS,
Avocat à la Cour royale de Paris.